AF561068

AMADIS DE GRECE,

TRAGEDIE

REPRÉSÉNTÉE

PAR L'ACADEMIE ROYALE DE MUSIQUE;

Pour la premiere fois, le 26 mars 1699.
Pour la seconde, le 3 novembre 1711.
Pour la troisiéme, le mars 1724.

Remise au théâtre le dimanche 7 mars 1745.

DE L'IMPRIMERIE

De JEAN-BAPTISTE-CHRISTOPHE BALLARD, doyen des imprimeurs du Roi, seul pour la musique, et pour l'académie royale de musique.

A Paris, au mont-Parnasse, ruë saint-Jean-de-Beauvais.

M. DCC XLV.

AVEC PRIVILEGE DU ROY.

LE PRIX EST DE XXX SOLS.

AU ROI.

RAND ROI, c'eſt vainement qu'en
t'offrant mon Ouvrage,
Tout ſemble à Te louer exciter mon
courage;
Vainement mon ardeur m'en veut faire une loi,
Ma plume ſe refuſe à ce pénible emploi;
La langue déſormais, pour aider nôtre zéle,
N'a plus de tour heureux ni de grace nouvelle.

Mille fameux Auteurs à Ta gloire ont écrit;
Si LOUIS a tout fait, Apollon a tout dit.
De ton Regne naiſſant, il a dit les miracles;
Ta Valeur toujours prête à forcer les obſtacles;
Cent Peuples en courant ſubjuguez à la fois,
Mais auſſi-tôt heureux que ſoumis à Tes loix;
La rebelle Héréſie à tes pieds terraſſée,
D'un cahos ténébreux Themis débarraſſée;
Le Duel ſans honneur, chaſſé de tes Etats,
La nobleſſe formée à de juſtes combats;
Les Arts riches par toi, des beautez ſouveraines
Qu'ils eurent autrefois dans Rome & dans Athenes;
Tous Tes inſtans marquez par les vertus d'un Roi,
Et Tes Fils par Tes ſoins rendus dignes de Toi.
Que ces heureux Sujets ont illuſtré de plumes!
Qu'écrire à Ta louange après tant de volumes?
Non qu'encore aujourd'hui Tes nouvelles Vertus
De nos Ecrits pour Toi n'exigent les tributs.
Cent Travaux tous les jours de nouveau T'éterniſent,
La matiere s'accroît; mais les forces s'épuiſent;

Et nos Vers dépourvus de sel & d'agrémens,
N'ont pour Tes faits nouveaux que de vieux ornemens.
L'Art, après tant d'efforts, impuissant pour Ta gloire,
Se doit d'un soin si beau reposer sur l'Histoire.
Qu'elle seule Te loue, et que de mes Ecrits
Tes plaisirs désormais soient l'objet & le prix.

HOUDAR DE LA MOTTE.

PERSONNAGES DU PROLOGUE.

ZIRPHE'E, *Enchanteresse,* Mlle. Fel.

ZIRENE, *Enchanteur, ami de Zirphée,* Mr. Le Page.

Troupes de Femmes de la suite de ZIRPHE'E; *De Génies; De Statues animées, et d'Esprits volans.*

PERSONNAGES DANSANS.

SUITE DE ZIRENNR.

Monsieur Malter-trois;

Messieurs Dangeville, P-Dumoulin, Pitro, Device, Caillez, Lafeuillade.

SUITE DE ZIRPHE'E;

Monsieur Matignon. Mademoiselle Courcelle.

Mademoiselle Carville;

Mesdemoiselles Erny, Rosaly, Baufort, Auguste, Thiery, Puvigné.

Acteurs & Actrices chantans dans tous les chœurs.

CÔTE' DU ROI,		CÔTE' DE LA REINE.	
Mesdemoiselles	*Messieurs*	*Mesdemoiselles*	*Messieurs*
Dun,	Marcelet,	Cartou,	De Serre,
	St. Martin,		Gratin,
Delorge,	Lefevre,	Deshaigles,	Le Messe,
	Le Page,		Paran,
Varquin,	Chabourd,	Gondré,	Breton,
Dalmand C.,	Fel,		Deshais,
	Houbault,		Levasseur,
Larcher.	Bourque,	Maçon,	Buzeau,
	Bornet,		Belot,
Delastre,	Gallard,	De Verneuille,	Rhone,
	Duchênet,		Forestier,
Rivier.	Rochette.	Jaquet.	Orban.

PROLOGUE.

Le théâtre représente un monument magnifique élevé à la gloire d'Amadis de Grece. Aux côtez d'une allée de lauriers, on voit des ﬅatues qui marquent les vertus de ce Heros. Au milieu eﬅ un amphithéâtre ſur lequel s'éleve une piramide entre quatre colonnes, dont les pied'eﬅaux ſont ornez de bas-reliefs qui repréſentent les exploits d'Amadis : La piramide a de pareils ornemens. On y voit deplus le chiffre d'Amadis entre deux rénommées, et au haut l'ardente épée qui étoit la deviſe de ce chevalier.

ZIRPHE'E.

Out célébre ici le courage
D'un Vainqueur dont le monde admira les travaux.
Ce monument eﬅ un hommage
Que mon art voulut rendre au plus grand des heros.

Du fameux Amadis j'y fis tracer l'histoire ;
Mais on ne lui doit plus ce titre glorieux,
Ce séjour n'est plus fait pour annoncer sa gloire,
D'autres exploits vont embellir ces lieux.

Esprits qui me servez, remplissez mon attente,
Volez, volez de toutes parts :
Effacez les travaux que ce lieu représente,
Qu'une histoire plus éclatante
Etonne & charme les regards :
Esprits qui me servez, remplissez mon attente,
Volez, volez de toutes parts.

Plusieurs esprits volent à l'ordre de Zirphée & viennent changer les bas-reliefs qui représentent les travaux du Roi, au lieu de ceux d'Amadis.

Deux esprits enlevent l'ardente epée du haut de la piramide, et deux autres y viennent poser un soleil.

ZIRPHE'E.

Que tout ici s'anime, et que tout me réponde.

Toutes les Statues s'animent, sortent de leurs attitudes & s'unissent avec Zirphée pour célébrer la gloire du Roi.

LE CHOEUR.

Pour chanter ce Vainqueur élevons nos concerts,
Son nom remplit la terre & l'onde,
Il est l'honneur de l'univers,
Son éloge est gravé dans tous les cœurs du monde.

Les

Les Génies applaudiſſent au deſſein de ZIRPHE'E; Et les femmes de ſa ſuite danſent avec eux.

ZIRENE, étonné de la nouvelle hiſtoire que le monument repréſente.

Que d'exploits éclatans s'offrent à mes regards!
Quel Heros ſur ſes pas enchaîne la victoire?
Qu'il abat d'ennemis! Qu'il briſe de remparts!
Envain tout l'Univers s'arme contre ſa gloire,
Il triomphe de toutes parts.

CHOEUR.

Que d'exploits éclatans s'offrent à nos regards!
Quel Heros ſur ſes pas enchaîne la victoire?
Qu'il abat d'ennemis! Qu'il briſe de remparts!
Envain tout l'Univers s'arme contre ſa gloire,
Il triomphe de toutes parts.

ZIRPHE'E, ET ZIRENE, alternativement avec le Chœur.

Goutez, Mortels, une paix ſalutaire,
C'eſt un Heros qui s'en rend le ſoutien,
Il laiſſe enfin repoſer ſon tonnerre;
Il bannit la guerre,
N'en craignez plus rien:
Il prend le ſoin du bonheur de la terre,
Et c'eſt aux dieux qu'il ſe remet du ſien.

On danſe.

ZIRPHE'E, ET ZIRENE.

Ses ſoins ont ramené le calme ſur la terre ;
Que par ſes ſoins il régne à jamais :
S'il eſt le Heros de la guerre,
Il eſt encore le Heros de la paix.

ZIRPHE'E.

Volez, volez dans ſon empire,
Plaiſirs, prévenez tous ſes vœux ;
C'eſt le plus grand Roi qui reſpire,
Qu'il ſoit toujours le plus heureux.

CHOEUR.

Volez, volez dans ſon empire,
Plaiſirs, prévenez tous ſes vœux ;
C'eſt le plus grand Roi qui reſpire,
Qu'il ſoit toujours le plus heureux.

ZIRPHE'E.

Après avoir ſervi ſa gloire,
Il faut pour ſes plaiſirs nous unir aujourd'hui :
Qu'un ſpectacle pompeux lui retrace l'hiſtoire
D'un illuſtre Vainqueur qui ne céde qu'à lui.

FIN DU PROLOGUE.

ACTEURS DE LA TRAGEDIE.

AMADIS DE GRECE, Mr de Chassé.

LE PRINCE DE THRACE, Mr Jelyotte.

NIQUE'E, *fille du Soudan de Thébes*, Mlle Fel.

MELISSE, *Magicienne*, Mlle Chevalier.

ZIRPHE'E, *Enchanteresse*, *tante de* NIQUE'E. Mlle Bourbonnois.

Troupes de Bergers, de Bergeres & de Pastres.

UNE BERGERE, Mlle Bourbonnois.

Troupe de Chevaliers, et de Princesses enchantés.

UN CHEVALIER enchanté, Mr Le Page.

UNE PRINCESSE enchantée, Mlle Bourbonnois.

Troupe de Magiciens.

Troupe de Démons.

Troupes de Matelots & de Matelottes.

UN CONDUCTEUR de Matelots, Mr Le Page.

UN JEUNE MATELOT, Mr De la Tour.

L'OMBRE DU PRINCE DE THRACE, Mr Jelyotte.

Troupe d'esprits sous la forme de Guerriers.

Autre troupe d'esprits sous la forme de divers Peuples.

Autre troupe d'esprits sous la forme des Beautez les plus fameuses.

DIVERTISSEMENS DE LA TRAGEDIE.

PREMIER ACTE.

BERGERES.

Mademoiselle Dalmand ;
Mrs P-Dumoulin, Dangeville, Caillez, De Vice ;
Mesdemoiselles Beaufort, Erny, Thiery, Puvigné.

UN PAISAN.

Monsieur Saudy.

PASTRES.

Messieurs Levoir, Lafeuillade ;
Mesdemoiselles Courcelle, St Germain.

SECOND ACTE.

CHEVALIERS, ET PRINCESSES ENCHANTE'S.

Monsieur Pitro ;
Messieurs Gherardy, Dumay, Monservin, Dupré ;
Mademoiselle Le Breton ;
Mesdemoiselles Rabon, Rozaly, Carville, Erny.

TROISIE'ME ACTE.

MAGICIENS.

Monſieur Gherardy;

Meſſieurs Malter-C., Hamoche, Dupré, Dumay.

DE'MONS.

Monſieur Pitro;

Meſſieurs De Vice, Lafeuillade, Levoir, Matignon.

QUATRIE'ME ACTE.

MATELOTS.

Monſieur D-Dumoulin,

Meſſieurs F-Dumoulin, Hamoche, Matignon, Malter-C.;

Monſieur Malter-trois. Mademoiſelle Le Breton.

Mademoiſelle Camargo;

Meſdemoiſelles St Germain, Courcelle, Thiery, Beaufort.

CINQUIÉME ACTE.

PEUPLES.

Monſieur Monſervin;

Meſſieurs Gherardy, Pitro, Dumay, Dupré, Caillez, De Vice;

Mademoiſelle Carville;

Meſdemoiſelles Rabon, Rozaly, Beaufort, Erny, Auguſte, Thiery.

AMADIS DE GRECE,

TRAGEDIE.

ACTE PREMIER.

Le théâtre représente les jardins de MELISSE, d'où l'on découvre dans le fonds la tour de NIQUE'E.

La scene se passe sur la fin du jour.

SCENE PREMIERE.

AMADIS, LE PRINCE DE TRHACE.

AMADIS.

Bientôt l'obscure nuit va s'emparer des cieux,
Allons, Prince, marchons où m'attend la victoire;
Arrachons-nous aux charmes de ces lieux,
Ils n'ont que trop contraint mon amour & ma gloire.

LE P. DE THRACE.

Répondez Amadis à de tendres desirs :
Mélisse sent pour vous la flâme la plus belle;
Mille appas sont ici le fruit de ses soupirs ;
Quand son art à vos yeux rassemble les plaisirs,
C'est son amour qui les appelle.

AMADIS.

Ah! C'est de cet amour que je fais mon tourment.
Quand ce palais s'offrit à mon passage,
J'allois finir l'enchantement
De la Princesse qui m'engage.

Mélisse par ses soins me retint dans sa cour,
Je crus que son accueil naissoit de son estime ;
Mais puisqu'il est l'effet de son fatal amour,
Prince, je me ferois un crime
De le nourrir par un plus long séjour.

LE P. DE THRACE.

Pour prix d'une flâme si tendre
Vous voulez qu'elle meure, et vous l'abandonnez?
Quoi! Sa beauté ne peut-elle vous rendre
Tout l'amour que vous lui donnez?

AMADIS.

Tu sais l'Objet à qui je rends les armes,
Et tu peux me vanter de si foibles attraits!
** Les yeux qui connoissent ses traits,*
Peuvent-ils trouver d'autres charmes?

* Il lui montre le portrait de NIQUÉE.

LE P. DE TH.

LE P. DE THRACE, à part.

Ah! Pour mon cœur jaloux que de vives allarmes!

AMADIS.

Ne tardons plus, assurons dès ce jour
Et mes plaisirs, et ma mémoire.
Qu'il est doux d'accroître sa gloire,
De ce qu'on fait pour son amour!

LE P. DE THRACE.

Je ne m'oppose plus au soin qui vous agite,
Je combattois envain un si pressant desir.
Demeurez. Attendez, pour cacher nôtre fuite,
L'instant que nous devons choisir.

Il sort, et va avertir MÉLISSE.

SCENE II.

AMADIS.

O Nuit, déploye ici tes voiles les plus ſombres;
Sommeil, ſous tes pavots, aſſoupi tous les yeux;
Pour fuir de ces funeſtes lieux,
Prête-moi le ſecours du ſilence & des ombres.

Amour, obtien pour moi qu'ils rempliſſent mes vœux;
Mon cœur a droit de le prétendre.
Tu n'as jamais ſervi de ſi beaux feux,
Ni ſatisfait d'amant ſi tendre.

O Nuit, déploye ici tes voiles les plus ſombres;
Sommeil, ſous tes pavots, aſſoupi tous les yeux;
Pour fuir de ces funeſtes lieux,
Prête-moi le ſecours du ſilence & des ombres.

La nuit ſe diſſipe, une clarté magique éclaire les jardins: il y naît des berceaux, et des fontaines: Une troupe champêtre ſuſcitée par MELISSE, vient s'oppoſer au départ d'AMADIS.

Que vois-je! Quel prodige! O cieux!
A quel Aſtre la nuit céde-t'elle ces lieux!
D'où vient qu'une beauté nouvelle
Eclate ici de toutes parts?
Quel ſpectacle! Qui vous appelle?
Et quel enchantement vous offre à mes regards?

SCENE III.

AMADIS.

TROUPE DE BERGERS, DE BERGERES, ET DE PASTRES.

LE CHOEUR.

Cedez à nos chansons, cédez à nos musetttes ;
Jouissez en ces lieux des charmes les plus doux ;
Les oiseaux, les échos de ces belles retraites,
Pous vous y retenir s'unissent avec nous.

UN BERGER.

L'amour est pour le bel âge ;
Le plus tendre est le plus sage :
L'amour est pour le bel âge,
Livrons-nous à ses langueurs.

LE CHOEUR.

L'amour est pour le bel âge ;
Le plus tendre est le plus sage:
L'amour est pour le bel âge,
Livrons-nous à ses langueurs.

LA BERGERE.

Il se plaît dans nos bocages ;
Pour blesser les cœurs sauvages,
Il se cache sous les fleurs :

L'amour est pour le bel âge,
Le plus tendre est le plus sage:
L'amour est pour le bel âge,
Livrons-nous à ses langueurs.

LE CHOEUR.

L'amour est pour le bel âge,
Le plustendre est le plus sage:
L'amour est pour le bel âge,
Livrons-nous à ses langueurs.

Trop heureux ceux qu'il engage!
L'amour est un esclavage,
Mais ses fers ont des douceurs.

UNE BERGERE.

Soins des amans,
Transports charmans,
Amour, enchante nos ames:
De tes douces flâmes
Viens remplir tous nos momens;
Sans soupirs,
Sans desirs,
N'attendons pas de vrais plaisirs.

On danse.

AMADIS.

Cessez cette importune fête,
C'est vainement qu'en ces lieux on m'arrête.

SCENE IV.

AMADIS, MELISSE, LE PRINCE DE THRACE.

MELISSE.

Quoy ! Barbare, tu pars, tu braves ma douleur ?
Je n'ai pour t'arrêter que d'inutiles charmes ;
Ingrat, mets-tu ta gloire à mepriser mes larmes ?
Ton bonheur dépend-t'il de me percer le cœur ?
Ah ! Plus je m'attendris, moins je te vois sensible,
Tu détournes les yeux, et déja tu me fuis.
Tu te fais un supplice horrible
D'être encor aux lieux où je suis.

AMADIS.

Melisse, je ne puis obéir à la gloire...

MELISSE.

Non, non, ne poursuis pas ce langage odieux,
Je sais trop ce que je dois croire ;
L'amour, le seul amour t'arrache de ces lieux.

L'image de Niquée a porté dans ton ame
Des feux dont tu fais ton bonheur...
Son nom même, son nom vient d'émouvoir ton cœur,
Et tes yeux trahissent ta flâme.

AMADIS.

Pourquoi voulez-vous m'engager
Quand je ſuis ſous les loix d'une autre?
Un cœur capable de changer
Ne ſeroit pas digne du vôtre.

MELISSE.

Quoi! Cruel, c'eſt donc peu de le voir dans tes yeux!
Tu m'oſes faire encor un aveu ſi funeſte!
Je ne t'ai donc offert qu'un amour odieux
Et qu'un cœur que le tien déteſte?
Envain j'ai raſſemblé les plaiſirs & les jeux,
Envain j'ai de mon art épuiſé la puiſſance;
Pour toi tout devenoit affreux,
Par mes ſoupirs & ma préſence.

C'en eſt trop, le dépit ſuccede à mon tranſport.
Je ne te retiens plus, tu peux partir..... Barbare,
Va braver les perils que le ſort te prépare,
Cour, vole à ta Princeſſe, ou plûtôt à la mort....
A la mort! Quoy! Ton cœur la préfere à Meliſſe!
Tu me quittes pour la chercher!
Mon deſepoir, mes pleurs n'ont rien qui t'attendriſſe!

AMADIS.

Il ne m'eſt pas permis de m'en laiſſer toucher.

MELISSE.

Sui-donc, cruel, une gloire fatale,
Va périr pour d'autres appas.

Que des monstres sur toi, la rage se signale,
Que cent geans affreux te livrent cent combats,
Et qu'un gouffre de flâme achevant ton trépas,
Te vomisse expirant aux pieds de ma rivale.

AMADIS.

O Ciel! Peut-on former des vœux si pleins d'horreur!
Ah! fuyons, ma présence irrite sa fureur.

SCENE V.

MELISSE.

LE cruel m'abandonne, il fuit, il me déteste,
Dieux! Quel supplice il me fait éprouver!
Je lui parois un objet plus funeste,
Que les monstres qu'il va braver.
Hébien, Ingrat, céde au feu qui t'entraîne,
Poursui tes amoureux projets;
Mais envain ta valeur te répond du succès.
Tu t'es flatté d'une esperance vaine,
Les monstres, les geans peuvent être défaits;
Mais tu ne peux vaincre ma haine.

FIN DU PREMIER ACTE.

ACTE SECOND.

Le théâtre représente le perron enflâmé qui défendoit la gloire de Niquée.

SCENE PREMIERE.

AMADIS, LE PRINCE DE THRACE.

AMADIS.

Es feux redoublent mon courage,
C'est le dernier péril qu'il me reste à tenter,
Cent monstres vainement m'ont opposé leur rage,
Tu me les as vûs surmonter;
Et je me suis fait un passage
Teint du sang des geans qui vouloient m'arrester:

Mais qu'annoncent ces mots? Il faut nous en in-
struire,
Hâtons-nous de les lire.

Ils lisent ces mots *, qui sont écrits sur le Peron.

* Un seul peut passer dans ces feux,
Un seul doit y trouver une gloire immortelle;
C'est l'Amant le plus genereux,
Et le Heros le plus fidelle.

AMADIS.

Ah! Je connois ici ma flâme & ma valeur;
Le sort va remplir sa promesse;
Non, je n'en doute plus, je touche à mon bonheur,
Je suis prest de voir ma Princesse,
Mille secrets plaisirs l'annoncent à mon cœur.

Au Prince de Thrace.

Cher Prince, sois heureux autant que je vais l'être,
Puisse le Ciel combler tous tes desirs;
Ce n'est plus que par tes plaisirs,
Que les miens pourront croître.

Il s'avance pour traverser les flâmes.

LE P. DE THRACE.

Arrête, et connoi-moi.

AMADIS.

Qu'entens-je? Je fremi.

LE P. DE THRACE.

J'oppose encor ce bras à ton audace
Combat dans le Prince de Thrace,
Ton rival & ton ennemi.

AMADIS.

Ciel!

LE P. DE THRACE.

Plus charmé que toi des trais de ta Princesse,
Et réduit par son choix à n'en esperer rien,
Je voulois troubler ta tendresse,
Tout mon bonheur étoit de traverser le tien.

Pour te retenir chez Mélisse,
De ton départ j'ai couru l'avertir:
Mes soins ont été vains, tu trouves tout propice,
Moi seul à ton bonheur je ne puis consentir.
C'est pour moi le dernier supplice,
Ton trépas ou le mien sçaura m'en garentir.

AMADIS.

Traître, perfide Ami, quelle rage te guide!

LE P. DE THRACE.

Ah! Ne m'accable point de ces noms rigoureux,
Nos vertus dépendoient du succés de nos vœux,
Et tu serois l'ami perfide,
Si tu n'étois l'amant heureux.

AMADIS.

En vain tu prodigues ta vie,
Ton sang me fut trop cher pour y tremper mes mains;
Je veux punir ta perfidie
En te forçant de voir le bonheur que tu crains.

Il traverse les flâmes.

SCENE II.

LE PRINCE DE THRACE.

IL m'échape, il brave ma rage;
Allons, il faut le suivre au milieu de ces feux;
Mais quel pouvoir secret m'en défend le passage?
Tout se brise... ô destin, faut-il le voir heureux!
Melisse, c'est à toi de vanger mon outrage.

Il sort & va implorer le secours de Melisse.

Le Perron enflâmé se brise au bruit du tonnere, et laisse voir la gloire de Niquée, où elle paroît sou. un Pavillon magnifique, au milieu des Chevaliers & des Princesses, enchantés avec elle.

SCENE III.

AMADIS, NIQUE'E, troupe de Chevaliers & de Princesses, enchantés.

NIQUE'E descend de son trône.

Qu'entens-je? De quel bruit ont retenti ces lieux?
Ciel! Est-ce mon Heros qui paroît à mes yeux?

AMADIS.

Oui, Princesse, c'est moi, c'est moi qui vous adore
De mon amour douterez-vous encore?

Un prix trop éclatant couronne mes exploits,
Je vous vois, je vous aime, et je puis vous le dire;
Non, à tous les transports que je sens à la fois
Tout mon cœur ne sçauroit suffire.

NIQUE'E.

Qu'il m'est doux d'enflâmer d'une si vive ardeur
Un favori de la victoire....
Mais, n'est-ce point un songe, étes-vous ce vainqueur,
Vois-je cet Amadis si cheri de la gloire?

Mes yeux, faut-il vous croire,
Ah, vous n'êtes que trop d'accord avec mon cœur!

Qu'ay-je dit? Où m'emporte un excès de tendresse?

AMADIS.

Craignez-vous de me faire un aveu si charmant?

NIQUE'E.

Non, vous savez trop ma foiblesse,
Je la cacherois vainement.

Mais pourquoi mon amour craindroit-il de paraître,
Dois-je rougir des traits dont je me sens blesser?
La gloire, helas! Peut-elle s'offenser
D'une flâme qu'elle a fait naître.

AMADIS.

Ah! J'éprouve en cet instant même
Le moment le plus doux de mon plus heureux jour;
Vous m'aimez, ma gloire est extrême,
Et mon bonheur égale mon amour.

NIQUE'E.

L'éclat de vos vertus & celui de vos armes
Engageoient le ciel même à couronner vos vœux,
Que ne redouble-t'il mes charmes,
Pour vous rendre encor plus heureux!

NIQUÉE, ET AMADIS.

Cédons-nous l'un à l'autre une douce victoire,
Unissons à jamais nos cœurs & nos desirs ;
Votre amour fait toute ma gloire,
Il fait lui seul tous mes plaisirs.

NIQUÉE.

Témoins d'une si belle flâme,
Vous qu'avec moi Zirphée enchanta dans ces lieux ;
Par les chants, par les sons les plus harmonieux
Célébrez l'ardeur de nôtre ame.

Les Chevaliers & les Princesses de diverses Nations, qui étoient enchantés avec Niquée célébrent son bonheur & la gloire d'Amadis.

UN CHEVALIER enchanté.

Chantons une beauté qui charme tous les cœurs,
Offrons à ses desirs la plus galante fête ;
Ses attraits ont fait la conquête
Du vainqueur des vainqueurs.

CHOEUR.

Chantons sa victoire,
Célébrons sa gloire.

UNE PRINCESSE enchantée.

Célébrons Amadis & ranimons nos voix,
Son bras & ses vertus forcent tout à se rendre ;
Les charmes les plus doux & le cœur le plus tendre
Sont l'heureux prix de ses exploits.

CHOEUR.

Chantons sa victoire.
Célébrons sa gloire.

LA PRINCESSE enchantée.

Suivons un doux penchant, formons d'aimables nœuds
Pourquoi passer nos jours à nous contraindre,
Quand l'Amour dans nos cœurs vient allumer ses feux.
Rien ne doit les éteindre,
Les maux qu'on en peut craindre
Sont doux à souffrir:
Loin de nous en plaindre,
Craignons d'en guérir.

Un nuage qui avance sur le théâtre s'ouvre, et fait voir Melisse sur un dragon.

SC. IV.

SCENE IV.

AMADIS, NIQUE'E, MELISSE.

MELISSE.

TRemble, Amadis, tu vois ce qui m'améne,
Ma présence t'annonce un supplice fatal.
Démons, venez servir ma haine,
Transportez son amante, où l'attend son rival.

Des démons enlévent NIQUE'E.

AMADIS.

O Ciel!

MELISSE.

Que la fureur, que la rage inhumaine
Détruisent ce palais si cher à tes desirs.
Va, porte en d'autres lieux tes cris & tes soupirs,
Que ton heureux rival jouisse de ta peine,
Et que ton désespoir croisse par ses plaisirs.

AMADIS, à MELISSE qui part.

Arrête, implacable Furie.
O Dieux, me livrez-vous à cette barbarie!

FIN DU SECOND ACTE.

ACTE TROISIÉME.

Le théâtre représente une plaine, coupée de quelques ruisseaux : L'on voit au milieu, la Fontaine de la vérité d'Amour, ornée de colonnes & de statues.

SCENE PREMIERE.

AMADIS.

Que deviens-je! Où m'emporte mon désespoir affreux!
Je traverse au hazard les forêts & les plaines,
Je fais tout, retentir de mes cris douloureux,
Et par tout mes plaintes sont vaines.

Il s'apuye sur un arbre, et le murmure des ruisseaux le tire de son abbatement.

AMADIS.

Vous, dont le bruit se mêle à mes tristes accens,
Coulez, charmans ruisseaux, répondez-moi sans cesse,
Murmurez avec moi des maux que je ressens.

Helas! On m'a ravi l'objet de ma tendresse;
D'inutiles soupirs, des regrets impuissans
Sont l'unique bien qu'on me laisse:

Vous dont le bruit se mêle à mes tristes accens,
Coulez, charmans ruisseaux, répondez-moi sans cesse,
Murmurez avec moi des maux que je ressens.

Mais je connois cette grotte enchantée,
Ses eaux de leur destin instruisent les amans.
Il faut que mon ame agitée
Y trouve du secours, ou de nouveaux tourmens.

Il regarde dans la fontaine.

Que vois-je! O coup mortel! Puis-je en douter encore?
Mon rival aux genoux de l'objet que j'adore!
Tous deux semblent contens. Est-il possible, ô cieux!
Ah! La parjure! Ah! L'infidelle!
Helas! Il est trop vrai... Je le vois à ses yeux:
La perfide lui jure une ardeur éternelle.

O Sort, je puis enfin défier ton couroux;
Voilà le dernier de tes coups.

Il tombe évanoui sur un gazon.

SCENE II.

AMADIS, MELISSE.

MELISSE, s'approche d'AMADIS.

HEbien, es-tu contente, inhumaine Melisse?
Son cœur d'assez de maux se sent-il déchirer?
Cruelle, assouvi-toi de son dernier supplice,
Et jouis du plaisir de le voir expirer.

Quoi! Je puis vouloir qu'il expire?
Non, non, le même coup me raviroit le jour:
Helas! Plus je le vois & plus mon cœur soupire:
Ciel! Tout mourant qu'il est, qu'il m'inspire d'amour!
Qu'il vive. Opposons-nous à sa langueur mortelle.
Amadis, Amadis, vivez, c'est trop souffrir;
Reconnoissez la voix qui vous appelle
Cher Prince.

AMADIS entrouvrant les yeux.

Ah! Laissez-moi mourir.

MELISSE.

Pour un indigne cœur, faut-il tant s'attendrir?
Votre Princesse est infidelle.
Vivez;

AMADIS.

Non, laissez-moi mourir.

MELISSE.

Quoi! Vous ne perdrez point cette cruelle envie?
Vous verrez sans pitié mes soupirs & mes pleurs?
Helas! Si vous mourrez, je meurs:
Voulez-vous m'arracher la vie.

AMADIS se leve, sans penser à MELISSE.

Malheureux, n'est-ce point quelque charme trompeur?
Mes yeux l'ont-ils bien vû... quelle foiblesse extrême,
Lâche, pour tromper ma douleur,
Je cherche à m'abuser moi-même.

Quoi! Cet objet de mon amour
Pour qui je fus rebelle à tous les autres charmes,
Lui, pour qui Melisse en ce jour
M'a vû braver sa fureur & ses larmes,

MELISSE.

Le cruel! Il m'outrage, et sçait que je l'entens!

AMADIS continue, sans penser à elle.

Ce cœur dont j'attendois le bonheur de ma vie,
Me livre aux plus cruels tourmens.
Le même jour, témoin de ses sermens,
L'est aussi de sa perfidie.

Et je vis ! Ma douleur n'a pas tranché mes jours !
Il faut donc de ce fer emprunter le secours.

Il tire son épée pour s'en fraper, MELISSE s'en saisit.

MELISSE.

Arrestez, Amadis.

AMADIS.

Ah ! barbare Melisse.
N'est-ce donc pas assez des maux que j'ai soufferts ?
Mes tourmens vous sont-ils si chers
Pour ne pouvoir souffrir que la mort les finisse ?

MELISSE.

Ne peux-tu sans mourir, terminer ton supplice ?
Consens à de nouveaux soupirs :
N'aime plus qui te hait, et ne hais plus qui t'aime,
Mes soins préviendront tes desirs,
J'en ferai mon bonheur suprême ;
Mon amour sur tes pas conduira les plaisirs,
C'est assez qu'avec eux tu me souffres moi-même.

AMADIS.

*Non, non, vos veux offerts, & les miens méprisez
Ne me rendront point infidelle.
Gardez ces vains plaisirs que vous me proposez,
Je ne veux rien de vous, Cruelle,
Que le trépas que vous me refusez.*

MELISSE.

*Quoi! Toujours charmé d'une ingrate,
Ne sçaurois-tu calmer tes injustes rigueurs?*

AMADIS.

*Envain sa perfidie éclate,
Je l'aime encor pour comble de malheurs.*

*Vous me l'avez ravi cet objet que j'adore;
Vous avez servi mon rival;
Sans vous, sans ce secours fatal,
L'ingrate m'aimeroit encore.*

*Je ne puis trop vous détester,
Tous mes malheurs sont vôtre ouvrage.
Inhumaine, achevez .... qui peut vous arrester,
N'osez-vous dans mon sang consommer votre rage?
Je voudrois pour vous irriter,
Pouvoir vous faire encor quelque nouvel outrage:
Frapez, vous devez vous hâter
Je sens qu'à chaque instant je vous hais davantage,*

MELISSE.

Je céde enfin, c'est trop souffrir,
Mon cœur à sa rage se livre;
Mais, n'espere pas de mourir,
Cruel, dans les tourmens je veux te faire vivre.

Que l'horreur regne en ces deserts,
Qu'ils deviennent pour lui l'image des enfers.

Des Démons volants brisent les ornemens de la Fontaine, ils déracinent les arbres, et renversent les rochers; l'Amour effrayé s'envole, et le théâtre se change en un enfer.

MELISSE.

Et vous de mes fureurs, Ministres redoutables,
Accourez, accourez; venez servir mes vœux.

Des magiciens viennent à la voix de Melisse, et se préparent à servir sa fureur.

MELISSE.

Faites naître en ces lieux des Monstres effroyables,
Qu'on n'y respire que des feux.

Il sort des monstres du sein de la terre, Il tombe une pluie de feu.

MELISSE.

Qu'on ne puisse inventer des horreurs comparables,
Et que l'enfer soit moins affreux.

CHOEUR.

CHOEUR.

Nous ſommes préts à ſervir ta fureur,
Exerçons à ſes yeux un funeſte ravage,
Que le barbare apprenne à redouter ta rage,
Jettons dans ſes eſprits l'épouvante & l'horreur.

Les Monſtres & les démons s'uniſſent pour le ſupplice d'Amadis.

CHOEUR de Magiciens.

Tremble, Amadis, crain la mort, crain les fers,
Cet embrazement, ce ravage,
Les rochers renverſez, les abîmes oûverts,
Sont les eſſais de nôtre rage.

AMADIS.

A quoi par ces horreurs penſez-vous me contraindre?
Amadis peut mourir, mais il ne ſcauroit craindre.

LE CHOEUR.

Tremble, Amadis, crain la mort, crain les fers,
Cet embrazement, ce ravage,
Les rochers renverſez, les abîmes ouverts,
Sont les eſſais de nôtre rage.

FIN DU TROISIE'ME ACTE.

ACTE QUATRIÉME.

Le théâtre repréſente un endroit du palais de Meliſſe, borné de la mer.

SCENE PREMIERE.

MELISSE, LE PRINCE DE THRACE.

LE P. DE THRACE.

E parois Amadis, aux yeux de la Princeſſe,
Elle me jure une fidelle ardeur.
Mais c'eſt à mon rival que ſon ſerment s'adreſſe,
Et vous trompez ſes yeux ſans ſéduire ſon cœur.

Que me ſert ce ſecours, elle eſt toujours la même?
Rien ne briſe le nœud que ſon cœur a formé.
Plus elle aſſûre qu'elle m'aime,
Plus je connois qu'Amadis eſt aimé.

MELISSE.

Demeurez en ces lieux, attendez la Princeſſe,
Je veux rendre Amadis témoin de vos diſcours.
Pour voir l'ingrat ſenſible à ma tendreſſe,
Il faut de ſon dépit emprunter le ſecours.

LE P. DE THRACE.

Quoi! Devant la Princeſſe, Amadis va paroître?

MELISSE.

Ne craignez rien, ſes yeux doivent le méconnoître.

SCENE II.

LE PRINCE DE THRACE.

HElas! Rien n'adoucit l'excés de mon malheur.

Vous, flots impetueux qui battez ce rivage,
Non, jamais les vents en fureur
N'ont excité sur vous un plus affreux orage,
Que celui qui trouble mon cœur.

Je me sens pénétré d'une secrete horreur,
Tout l'accroit, rien ne la soulage;
Je trahis mon ami sans servir mon ardeur;
Mon innocence & mon bonheur
Ont fait ensemble un funeste naufrage.

Vous, flots impetueux qui battez ce rivage,
Non, jamais les vents en fureur
N'ont excité sur vous, un plus affreux orage
Que celui qui trouble mon cœur.

On vient; la Princesse s'avance,
Contraignons-nous en sa présence.

SCENE III.

LE PRINCE DE THRACE, NIQUE'E.

NIQUE'E prend le Prince de Thrace pour AMADIS.

NIQUE'E.

Amadis, tout nous rit en ce charmant séjour,
Melisse céde à notre amour;
En faveur de nos feux elle a vaincu sa haine.
Une nouvelle fête en ces lieux, dans ce jour,
Va par son ordre encor célébrer notre chaîne.
Bien-tôt un doux himen comblera nos desirs....

Mais cet air interdit m'apprend que je m'abuse;
Quoi! Tout conspire à nos plaisirs,
Et votre cœur seul s'y refuse!

LE P. DE THRACE.

Ah! Mon trouble est l'effet de l'excés de mes feux,
Si je vous aimois moins, je serois plus heureux.

NIQUE'E.

Ciel! Que me dites-vous, ma surprise est extrême?
Puis-je entendre ces mots d'une bouche que j'aime?

Eſt-ce ainſi qu'on doit s'enflâmer?
Un cœur vraiment touché, chérit ſon eſclavage;
Le mien, en vous aimant, autant qu'il peut aimer,
Voudroit encor vous aimer davantage.

LE P. DE THRACE.

Non, votre cœur pour moi, n'eſt pas aſſez épris.
La gloire ſeule allume votre flâme:
Vous cédez à l'éclat du grand nom d'Amadis.
Plutôt qu'à l'ardeur de mon ame.

NIQUE'E.

Je n'entens rien à ce détour;
Mais tout m'eſt cher en vous, et la gloire & l'amour.

Promettons-nous cent fois la plus vive tendreſſe;
Que rien n'en finiſſe le cours.
Le plus doux des plaiſirs eſt de s'aimer ſans ceſſe,
Et de ſe le dire toujours.

Ce Concert nous annonce une fête galante,
Voyons les jeux qu'on nous préſente.

SCENE IV.

NIQUE'E, LE PRINCE DE THRACE, MELISSE.

Une troupe de Matelots vient par l'ordre de MELISSE, executer les jeux qu'elle a fait préparer.

LE CONDUCTEUR de la Fête.

Goutez, malgré les vents, la plus charmante paix,
Ne craignez plus le naufrage,
Vivez heureux, triomphez à jamais
Des écueils & de l'orage.

CHOEUR.

Goûtez, malgré les vents, la plus charmante paix,
Ne craignez plus le naufrage,
Vivez heureux, triomphez à jamais
Des écueils & de l'orage.

UN MATELOT.

Le vent nous appelle,
La saison est belle,
Il faut s'embarquer.

LE CHOEUR.

Le vent nous appelle,
La saison est belle,
Il faut s'embarquer.

LE MATELOT.

Pourquoi se défendre
D'un commerce tendre,
C'est perdre, qu'attendre;
Que pouvons-nous risquer?

Le vent, &c.

LE CHOEUR.

Le vent nous appelle,
La saison est belle,
Il faut s'embarquer.

LE MATELOT.

Sans verser de larmes,
Ni souffrir d'allarmes,
Un port plein de charmes
Ne peut nous manquer:
Quand un cœur s'engage
Au temps du bel âge,
Les vents ni l'orage
N'osent l'attaquer.

Le vent, &c.

LE CHOEUR.

LE CHOEUR.

Le vent nous appelle,
La saison est belle,
Il faut s'embarquer.

Pendant la fête, le Prince de Thrace apperçoit AMADIS, et sort pour le combatre.

NIQUE'E.

Le chercherai-je envain, que faut-il que je pense?
Qui peut me ravir sa présence?

Cessez, Jeux importuns, d'animer nos desirs,
Vous ne sauriez calmer l'ennui qui me dévore:
C'est dans les yeux du Heros que j'adore,
Que mon cœur cherche ses plaisirs.

SCENE V.

MELISSE, NIQUE'E.

MELISSE.

QU'ai-je vû, Dieux cruels!

NIQUE'E.

Dequoi dois-je vous plaindre?

MELISSE.

Apprend tout, je ne veux plus feindre.
Sous les traits d'Amadis, je t'offrois son rival,
Et mon projet m'est devenu fatal.

NIQUE'E.

Ciel! Qu'entens-je?

MELISSE.

Amadis a rempli sa vengeance;
Le Prince sous ses coups expire en ce moment.

NIQUE'E.

Pourquoi me trompiez-vous par cette ressemblance?

MELISSE.

Va, ne crain plus d'erreur, tu vas voir ton amant;
Mais tu ne le verras, que pour voir son tourment.

FIN DU QUATRIE'ME ACTE.

ACTE CINQUIÉME.

Le théâtre représente un Antre affreux, destiné aux enchantemens de MELISSE.

SCENE PREMIERE.

MELISSE.

Dieux! Quelle horreur s'empare de mon ame!
Cruelle, dans quel sang veux-je éteindre ma flamme!

Mais l'Ingrat m'y contraint, rien ne peut l'attendrir,
Plus je l'adore, et plus il me déteste.
Ah! Jouissons du moins de la douceur funeste
De m'en venger & de mourir.

On m'améne Amadis, et l'Objet qui l'engage:
Amour, sor de mon cœur, et laisse agir ma rage.

SCENE II.

MELISSE, AMADIS enchaîné, NIQUE'E enchaînée.

NIQUE'E.

CIel! Sur qui ſa fureur va-t'elle s'exercer?

AMADIS.

Epuiſez ſur moi ſeul votre haine implacable.

ENSEMBLE.

Si nôtre amour a pû vous offenſer,
Ne frapez que mon cœur, il eſt le plus coupable.

MELISSE, levant le bras ſur AMADIS.

Barbare, c'eſt par toi que je vais commencer.

NIQUE'E s'évanouiſſant.

Ah, Ciel!

MELISSE.

Mais d'où me vient cette pitié ſoudaine?
Par quel charme mon bras ſe ſent-il arrêter?
Ah! Ma flâme eſt encor plus forte que ma haine;
Et je ſens tous les coups que je te veux porter.

AMADIS.

Helas! Dequoi me ſert la pitié qui vous preſſe,
Quand je tremble pour ma Princeſſe.
Ah! Voyez de quels maux elle ſent la rigueur.

MELISSE.

Quoi! Peux-tu te flatter que son sort m'attendrisse?
Non, tu la plains, sa mort va faire ton supplice,
Je veux te frapper dans son cœur.

AMADIS.

Juste Ciel!

MELISSE.

Mais c'est peu pour vanger ma tendresse,
Je te veux avec elle enchanter en ces lieux.
Tu la verras mourir sans cesse,
Et le sang ruisselant du sein de ta princesse,
Sera l'unique objet qui frapera tes yeux.

AMADIS.

Qu'entends-je! Ciel, quelle furie!
Dieux, qui voyez ces projets inhumains,
Protegez-vous la barbarie?
Que sert la foudre dans vos mains?
Ah! Prévenez la cruelle Melisse:
N'attendez pas l'effet de son courroux.
Que vos foudres vangeurs l'écrasent sous leurs coups,
Ou que la terre l'engloutisse....
Que dis-je, malheureux! J'anime ses fureurs.

Ah! Je tombe à vos pieds, rendez-vous à mes pleurs,
Songez que notre amour, a prévenu le votre.
Quoi! Voulez-vous punir nos cœurs
D'avoir été faits l'un pour l'autre?

MELISSE.

Tes pleurs & tes soupirs sont vains
Crüel, ils m'outragent encore.

AMADIS, en se relevant.

O mort! Arrache-moi de ses barbares mains;
Ce n'est plus que toi que j'implore.

Il s'abandonne à son desespoir & s'appuie contre un rocher.

MELISSE.

Manes de son rival, Prince trop malheureux,
Obéis à ma voix, sors du royaume sombre;
Pour un enchantement affreux,
Mon art attend le secours de ton ombre:

Viens te joindre avec moi pour contraindre le sort
A servir ma fureur extrême;
Hâte-toi, sors des lieux où t'enchaîne la mort,
Et viens m'aider à te vanger toi-même.

Manes de son rival, Prince trop malheureux,
Obéis à ma voix, sors du royaume sombre;
Pour un enchantement affreux,
Mon art attend le secours de ton ombre.

Une noire vapeur s'éleve dans les airs
L'Ombre vient seconder ma rage

SCENE III.

L'Ombre du Prince de Thrace.

Acteurs de la Scene précédente.

L'OMBRE.

TEs cris ont pénétré jusqu'au sombre rivage,
Et je sors malgré moi du séjour des Enfers.
Les Dieux vangeurs de l'injustice
Protegent contre toi ces fideles amants,
Et m'imposent pour mon supplice
De venir t'annoncer la fin de leurs tourmens.

Il disparoît.

SCENE IV.

MELISSE, AMADIS, NIQUE'E qui a repris ſes eſprits.

MELISSE.

O Ciel! Injuſte ciel! Barbare violence.
Quoi! Je ne puis punir des mépris odieux!
Eſt-ce donc pour vous ſeul, impitoyables Dieux,
Que vous reſervez la vangeance?

Non, non, malgré votre ſecours
Il faut que ma rivale expire...

Elle veut avancer vers Niquée, et ſe ſent arrêter.

Mais je le veux envain... Vous defendez ſes jours.
Le ciel & les enfers, contre moi tout conſpire.

Je vous entens, grands Dieux, il faut finir mon ſort,
Et l'arreſt de ſa vie eſt l'arreſt de ma mort.

Elle ſe frape.

C'en

C'en est fait, Amadis, ta flâme est triomphante ;
Ton ennemie expire, ou plûtôt ton amante,
Mais toi, ne me hais plus, pardonne à ma fureur,
Les maux que je t'ai voulu faire.....
Helas ! Tu t'attendris, tu me vois sans horreur,
Voilà le seul état où je pouvois te plaire,
C'étoit ton unique desir.....
Mais je m'affoiblis, je chancelle,
Un froid mortel vient me saisir,
Trop heureuse en tombant dans la nuit éternelle,
Si ma mort t'arrache un soupir.

NIQUE'E.

Que je la plains !

AMADIS.

Que son sort est tragique !

TOUS DEUX.

Mais, quel éclat ! Quels sons harmonieux !
Qui peut changer ces tristes lieux
En un séjour si magnifique ?

L'Antre se change en un palais éclatant, et Zirphée paroît sur un nuage.

NIQUE'E.

Que vois-je ? est-ce Zirphée, en croirai-je mes yeux ?

SCENE V.

ZIRPHE'E, AMADIS, ET NIQUE'E.

ZIRPHE'E.

TOus vos maux sont finis, cessez de vous en plaindre,
Qu'un tendre himen vienne les réparer.
Votre amour n'a plus rien à craindre;
Qu'il n'ait plus rien à desirer.

AMADIS.

Ah! Pouvois-je esperer une faveur si grande?

NIQUE'E.

Que ne vous dois-je point pour de si doux bienfaits!

ZIRPHE'E.

Aimez-vous à jamais,
C'est tout le prix que j'en demande.

Vous, qui vous empressez pour servir mes desirs,
Par mille jeux nouveaux, célébrez leurs plaisirs.

SCENE DERNIERE.

NIQUE'E, AMADIS, ZIRPHE'E.

Des Esprits sous la forme de Guerriers, portent des drapeaux où sont réprésentez les exploits d'Amadis. D'autres, sous la forme de divers Peuples, dont Amadis a soûtenu la gloire, portent des couronnes ou des trophées; et d'autres, sous la forme des Beautez les plus fameuses, viennent rendre hommage à la beauté de Niquée.

CHOEUR.

Que les ris, que les jeux regnent dans ces retraites :
Formons les plus charmans concerts ;
Que le bruit des tambours, que le son des trompetes,
En fassent retentir les airs.

FIN.

APROBATION.

J'Ai lû par ordre de monseigneur le Chancelier, *la Tragedie, intitulée* AMADIS DE GRECE, Poëme dont le Public a toujours vû avec plaisir les Représentations. A Paris, ce quatre mars 1745. *Signé* DE MONCRIF.

Le Privilege du Roi, est aux OPERA *précédens.*

www.ingramcontent.com/pod-product-compliance
Lightning Source LLC
LaVergne TN
LVHW010002230826
846092LV00002B/616

* 9 7 8 2 3 2 9 6 8 0 2 4 8 *